LA PETITE INDUSTRIE

ET

LES BANQUES POPULAIRES.

IMPERIAL
G
cen
TIMBRE
2

LA PETITE INDUSTRIE

ET LES

BANQUES POPULAIRES

Par Jules **MOUREAU**,

Rédacteur en chef du *Journal de Saint-Quentin*.

SAINT-QUENTIN

Typ. J. MOUREAU, Propr.-Gérant du *Journal de St-Quentin*, Grand'Place, 7.

1865,

LA PETITE INDUSTRIE

ET

LES BANQUES POPULAIRES *.

I.

Les conditions dans lesquelles s'exerce le travail industriel en France ont subi depuis un siècle de profondes modifications. Sans parler du régime nouveau qu'a créé, sous ce rapport, l'avénement tout récent de la liberté commerciale, et des changements qu'elle est appelée à opérer dans les différents modes de production, et par suite dans la situation des producteurs, chefs d'ateliers, employés, ouvriers, etc., les commencements du siècle même présentent de frappants contrastes avec ceux qui l'ont précédé.

* Extrait du *Journal de Saint-Quentin.*

Que voyons-nous en reportant nos regards sur
le passé, et, sans même quitter le temps présent,
en jetant les yeux sur quelques-uns des pays
qui nous entourent ? L'industrie étroitement
resserrée et presque étouffée sous le règlement
des maîtrises, des jurandes et des corporations.
Là, point de progrès possible , aucune liberté
d'initiative n'étant laissée à l'ouvrier, au compa-
gnon, pour parler plus exactement; pas d'amélioration à prévoir sous le rapport des prix, le
monopole de la corporation excluant jusqu'à
l'idée même de la concurrence.

En Prusse, à l'heure où nous traçons ces
lignes, et dans presque toute l'Allemagne,
l'ouvrier, quelles que soient ses aptitudes, doit
subir un long apprentissage. Quatre ans pour
être vitrier ! « Est-il possible, dit M. Batbie,
» dans un récent mémoire *, qu'un état si
» simple soit aussi long à apprendre ? Après
» l'apprentissage, vient le compagnonnage,
» séjour obligatoire pendant trois ans à l'étran-
» ger. Mais, peut-être l'apprenti se serait mieux
» perfectionné là où il a fait son apprentissage.
» N'importe ; la loi veut qu'il parte et il partira.
» Encore faut-il qu'il fasse ses preuves et que
» les *ouvriers-maîtres* aient approuvé son chef-
» d'œuvre. Puis, l'ouvrier devient maître à son

* *Le Crédit populaire.* — 1 vol.

» tour, mais il est obligé de rester attaché au
» lieu de son établissement et à la nature de
» son industrie. Le menuisier voudrait devenir
» ébéniste, le charpentier menuisier. Halte-là!
» Ces évolutions sont prohibées. Un maître-
» ouvrier ne fait rien dans une ville, et il sait
» que dans une autre ses relations lui permet-
» traient de mieux gagner sa vie ; il veut changer
» de résidence et transporter sa maîtrise ailleurs
» Halte-là ! La loi n'admet pas ces déplace-
» ments. Il faut que l'ouvrier reste comme un
» madrépore attaché au rocher et serf d'une
» industrie dans laquelle il ne réussit pas.
» Chaque industrie est parquée dans sa spécia-
» lité, et de minutieux règlements déterminent
» les lignes de séparation. Chez nous, lorsque
» les pâtissiers pétitionnent pour qu'on interdise
» aux boulangers de faire la pâtisserie, tout
» homme éclairé sourit en lisant cette demande
» extravagante. En Allemagne, des tourneurs
» en bois plaident sérieusement pour qu'il soit
» défendu aux fabricants de chaises d'appliquer
» des boutons, des rosaces ou autres ornements;
» la gravité allemande ne sourit pas, et ces
» questions, qui ne rencontrent chez nous
» qu'une assemblée prête à lancer l'ordre du
» jour, trouvent des « *juges à Berlin.* »

Voilà où en est presque toute l'Allemagne.

Voilà quelle était aussi notre situation à la fin
du siècle dernier. Mais si l'Allemagne économique en est encore aujourd'hui à la veille
de son 89, nous avons fait le nôtre ; et, grâce
à Dieu, le travail est libre chez nous. Aussi, que
de transformations n'a-t-il pas subies dans ses
applications depuis soixante-dix ans ? Quelle
perfection a été apportée dans les procédés !
quelle rapidité dans l'exécution ! quelles réduc-
tions dans les prix !

L'honneur de si grands progrès revient tout
entier, et personne ne songe à le lui contester,
à la manufacture.

C'est elle qui, par l'emploi des machines, des
forces naturelles, par la division du travail, a
réalisé ces améliorations qui, sous l'ancienne
organisation, ne pouvaient être soupçonnées.
Son passé, qui est d'hier, est déjà considérable ;
son avenir l'est plus encore. C'est de la grande
industrie, c'est de la centralisation des forces
et des capitaux dont peut disposer la société
industrielle que sortira tous les jours plus par-
faite dans ses manifestations la production à
bon marché. C'est avec elle que doit grandir
le bien-être de tous ; grâce à elle, les classes
les moins favorisées quitteront les derniers
degrés de l'échelle sociale pour s'élever pro-

gressivement jusqu'à cet état de prospérité relative où la possibilité de goûter certaines jouissances, objets d'une secrète et constante envie, comblera en partie ces profonds abîmes où à chacune de ses contractions le corps social menace périodiquement de sombrer et de se perdre.

Tel est l'aspect saisissant sous lequel s'offre à nous la transformation opérée par le travail libre, par l'association des forces et des volontés depuis le commencement de ce siècle.

Malheureusement toute médaille a son revers dans ce monde imparfait. Si le travail émancipé a réalisé des prodiges que ne pouvait accomplir ni même entrevoir le régime restrictif des corporations; si la manufacture, en spécialisant les aptitudes et les forces de ses mille bras, a atteint un degré de perfection, de vitesse et de régularité dans la confection des produits que ne pouvait ambitionner d'atteindre l'*ouvrier-maître*, malgré son habileté, sa patience, ses efforts; en revanche le travail à la maison, en famille, avec les avantages moraux qu'il comporte, s'est vu en butte à de profondes atteintes. Que peut aujourd'hui le travail isolé contre l'usine, que peuvent le fuseau et le rouet contre la *Mull-Jenny*, le métier à bras contre le métier *Jac-*

quard, la forge et le marteau contre le haut-
fourneau et le puissant laminoir; en un mot,
l'homme contre la machine? Partout, et c'est
un trait qui définit la situation, la production
par grandes masses et par avance a remplacé
l'exécution sur commande. L'atelier a donc
presque cessé d'être; et si quelque artisan perdu
dans son isolement essaie de lutter encore contre le formidable engrenage, c'est au prix des
plus rudes sacrifices; et n'est-il pas fatale-
ment condamné, lui aussi, à périr ou à céder
à l'irrésistible tourbillon? Le moins qui puisse
assurément lui écheoir est de subir un chan-
gement radical dans son état : d'être anéanti
par la grande industrie et de redevenir ouvrier, de maître qu'il était.

Ces changements ne s'opèrent pas sans oc-
casionner des contusions. On n'abandonne pas
facilement la position qu'on a conquise par le
travail et l'assiduité. Tel qui, sorti d'un rang
inférieur, a acquis une certaine considération,
de justes prérogatives, ne renonce pas sans
regrets à des avantages si précieux, tant au
point de vue de sa dignité que de ses satisfac-
tions matérielles. Et ce n'est pas sans protesta-
tions et sans murmures qu'il se voit ramené
au point d'où il était parti. De là, le reproche
adressé aux progrès et à la liberté du travail

de favoriser l'absorption du petit par le grand,
du faible par le fort ; reproche injuste, mais
qui n'a pas moins réveillé dans quelques esprits
la pensée de recourir aux anciens errements,
de reconstituer la corporation, et de risquer de
sérieuses tentatives en ce sens.

Qui ne voit cependant que ce retour à des
institutions jugées, condamnées, serait mille
fois plus préjudiciable qu'utile à ceux en vue
desquels il est conseillé? Quel est le travailleur,
l'artisan de nos jours, qui voudrait échanger
sa situation contre le sort de l'artisan du moyen
âge? Quel est le petit cultivateur qui consenti-
rait, quelles que soient les conditions d'infériorité où le place parfois l'extrême division de
la propriété, à redevenir serf ou vassal, à ne
plus librement jouir du fruit de ses labeurs ?
L'un et l'autre ne sont-ils pas plus heureux
qu'autrefois, au moins matériellement, mieux
logés, mieux vêtus, mieux nourris qu'il y a
seulement cent ans? Et la libre disposition
d'eux-mêmes et de leurs services, pourquoi
la comptez-vous ? « Demandez, dirons-nous
» avec un économiste moderne, aux travail-
» leurs industriels eux-mêmes, là, où ils ont
» acquis l'intelligence des lois économiques et
» de leurs intérêts réels, s'ils ne préfèrent pas
» leur situation accidentée d'aujourd'hui à la

» quiétude animale où les faisait vivre, quand
» il ne les tuait pas, le régime du patronage et
» de la restriction! » Non, le retour en arrière
est impossible. C'est en avant, toujours en
avant qu'il faut regarder. Et c'est l'avenir qui
prépare les moyens de réduire les inconvénients
qu'a créés le régime nouveau.

Le travailleur, l'artisan, le petit industriel,
souffrent de l'isolement qui se fait autour d'eux,
situation due, en partie, à ce que, dépourvus
d'un capital suffisant, ils ne peuvent s'associer
au mouvement qui s'opère à leurs côtés; à ce
que pour eux la concurrence est rendue impossible; à ce que, livrés à leurs propres forces,
ils se trouvent anéantis par la grandeur de
l'œuvre rivale.

N'est-il point cependant de remède à cette
situation, et, comme nous le disions plus haut,
le fort doit-il nécessairement absorber le faible?

Deux puissances nouvelles, nées du régime
même qui apporte le mal, doivent peut-être
concourir à l'avénement du mieux : l'association et le crédit.

Nous allons voir jusqu'à quel point, par leur
alliance, ce mieux a été atteint là où l'on pouvait
peut-être le moins y compter en ce moment.

II.

Ce n'est pas d'aujourd'hui que le problème
dont nous venons, après bien d'autres, d'ailleurs, de poser les données, préoccupe les esprits
attentifs.

Peu de temps après 1830, l'éminent économiste et publiciste Rossi écrivait [*] : « Dans
» les sociétés modernes, l'individu est trop isolé,
» trop concentré en lui-même; cette même
» fierté qui l'isole, l'affaiblit, et cette même in-
» dépendance personnelle qui l'élève, devient
» une cause de retardement et de faiblesse pour
» tous. Le correctif, c'est l'association volon-
» taire... Malheureusement le public n'a pas
» encore une vue bien nette des conditions du
» problème qu'il est appelé à résoudre; aussi,
» le progrès que nous signalons ne peut-il être
» improvisé; c'est un but vers lequel nous

[*] *Cours d'économie politique* professé au Collége de
France.

» avançons un peu tous les jours. Entre la disso-
» lution des anciens liens et la formation spon-
» tanée des liens nouveaux qui, sous l'empire
» de l'égalité civile, doivent réunir et coor-
» donner les forces individuelles, il devait y
» avoir un état intermédiaire, une époque tran-
» sitoire, agitée, difficile, livrée aux passions
» et aux controverses des hommes. Cet inter-
» valle, plein de difficultés et de périls, nous
» sommes près de le franchir. »

Ne semblerait-il pas, en lisant ces lignes,
qu'elles ont été tracées pour les temps que nous
traversons ? N'avons-nous pas vu que c'est l'isolement qui fait actuellement la faiblesse de l'artisan, du petit industriel ? Cette transition entre
l'isolement et une meilleure organisation des
forces individuelles, n'est-elle pas en ce moment même l'objet d'ardentes controverses entre
les partisans de l'ancienne corporation et ceux
de l'association moderne ? Enfin, cette époque
« agitée, difficile, livrée aux passions des hommes » ne rappelle-t-elle pas l'année 1848 ?

Cette date doit donner lieu à de courtes réflexions.

Le mot d'association n'est jamais prononcé
devant certaines personnes sans éveiller quelque
soupçon, quelque crainte, quelque ressentiment

peut-être. Cela tient apparemment aux mauvais souvenirs qu'ont laissés les tentatives infructueuses faites, dans ce sens, après la révolution de 1848. Tristes tentatives, à la vérité, qui ont amené de tristes résultats ! Sur les cinquante-six associations qui se sont formées alors et qui ont pris part au gâteau de 3 millions votés à titre de subside par l'Assemblée constituante, que reste-t-il? Rien, sinon, il faut le reconnaître, une sorte de discrédit sur toute combinaison qui, de loin ou de près, par le nom seulement, les rappelle à l'esprit, et fait dire, non sans quelque raison apparente pour la plupart, qu'association et socialisme ne font qu'un.

En considérant les choses de près, il est facile de se convaincre cependant que la différence est grande entre l'idée que réveillent les folles tentatives de 1848, et les espérances que fait naître l'association coopérative, telle qu'elle s'organise actuellement dans certains pays. Nous demanderons à nos lecteurs la permission de laisser tracer devant eux cette différence par l'un des auteurs qui ont le mieux étudié ces questions. La nécessité d'éviter toute confusion en pareille matière, justifiera cet emprunt : « L'association coopérative, telle que depuis dix ans surtout l'appliquent l'Angleterre et l'Allemagne, telle qu'on recommence à la pratiquer en France, n'a

rien de chimérique; elle ne contrarie pas les
éternelles lois de la morale et de la justice;
elle ne heurte point les lois économiques qui régissent la société moderne. L'association ouvrière ne part plus d'un antagonisme « fatal »
entre le travail et le capital ; elle reconnaît combien est indispensable la coopération du capital
dans toute œuvre de production, combien est
légitime la participation aux bénéfices; elle est
tellement pénétrée du suprême besoin de son
concours, qu'elle vise surtout à pourvoir de capital le travailleur. Elle n'articule, en faveur de
ce dernier, aucun droit particulier ; le « droit
au travail » et le « droit du travail » sont écartés ;
on parle surtout du devoir de l'ouvrier de demander à ses propres efforts l'amélioration gra-
duelle de son sort. C'est dire déjà qu'elle ne
réclame à l'État, à la société, ni subvention, ni
protection spéciale, ni faveurs exceptionnelles ;
elle ne veut que la liberté, pour ses membres,
d'user du droit commun. Elle n'entend point
annihiler l'individu, en l'absorbant dans une
communauté fantastique et plus ou moins des-
potique; elle ne demande au sociétaire que son
concours déterminé pour un but nettement limité ; elle le laisse entièrement libre pour toutes
les autres manifestations de la vie, pour l'emploi
de ses facultés et de ses moyens. Enfin l'association coopérative, sainement comprise, n'at-

taque plus ni la liberté, ni la concurrence; au contraire, elle tend et elle réussit en partie à les rendre plus effectives. » *

Cette distinction, si parfaitement accentuée, et qui ressortira plus nette encore dans ce qui va suivre, était nécessaire. Elle a paru telle à tous ceux qui, jusqu'ici, s'intéressant à l'amélioration du sort des classes travailleuses, ont indiqué dans l'association coopérative un chemin pour y parvenir. S'il fallait, au surplus, aux esprits prévenus une preuve plus convaincante et plus palpable encore que l'association, telle qu'elle est proposée aujourd'hui, n'offre aucun point de contact avec les théories qui se professaient, il y a quelque quinze ans, dans le palais du Luxembourg, nous citerions les sociétés de secours mutuels dont le principe est admis par tous indistinctement, et qui couvrent déjà notre pays comme d'un vaste réseau tutélaire, dont les mailles se resserrent tous les jours davantage.

Les sociétés de secours mutuels ne revêtent-elles pas l'une des formes les plus heureuses de l'association coopérative? Si l'on met à part celles qui, dépassant peut-être, par l'effet d'une louable ardeur, le but assigné à la combinaison, sont forcées d'accepter l'appui de la bienfai-

(1) E. Horn — Introduction au *Crédit populaire.*

sance, ne doit-on pas reconnaître que, du jour
de son application, le principe à lui seul suffit
pour remplir les promesses annoncées : soins
aux malades, médicaments gratuits, indemnités
pendant la maladie, etc. ? Et qui songerait
jamais à faire l'honneur de si beaux et de si
surprenants résultats aux enseignements du
socialisme, du communisme et de toutes ces
utopiques théories soufflées un beau jour sur la
France en débauche sociale? Personne assurément

On peut donc envisager sans ombrage l'association volontaire, ce correctif que Rossi con-
seille à l'isolement exagéré de l'individu ; circonstance due, comme nous l'avons vu, à une
exagération forcée, mais contraire, la concen-
tration des forces et des capitaux entre les mains
d'un nombre relativement limité d'établissements qui, à la vérité, réalisent en matière de
production un prestigieux idéal, mais ne con-
tribuent pas moins à anéantir le travail isolé, la
petite et la moyenne entreprise.

C'est ce qu'a compris l'Angleterre, où cependant, de l'aveu général, les théories sociales
auxquelles nous venons de faire allusion ont eu
de tout temps fort peu de crédit. Aussi a-t-elle
laissé naître, prospérer et grandir l'association

au sein de sa population ouvrière; à tel point que, chez nos voisins, on compte, en prenant la population totale du royaume, plus d'un membre d'une association quelconque sur cinq habitants, alors que chez nous cette proportion n'est encore que d'un sur soixante-seize!

Nous devons faire ici l'observation qu'en Angleterre, c'est surtout à l'ouvrier proprement dit qu'a profité l'association coopérative, puisque c'est lui qu'elle avait en vue. Disons aussi qu'en prononçant plus haut les mots d'association et de travailleur, c'est dans son acception la plus complète que nous avons pris cette dernière expression, acception qui comprend, non-seulement l'ouvrier, mais tout homme qui cherche à conquérir une position par le travail : l'artisan, le petit commerçant, le petit cultivateur.

Il importait de faire admettre sans répugnance, et en en signalant l'une des plus larges applications, l'idée de l'association, qu'il s'agît de l'amélioration du sort de l'ouvrier ou bien du petit industriel. Nous avons hâte maintenant de rechercher ce qui a été essayé surtout en vue de ce dernier. Et, comme pour nous aider à nous soustraire au reproche d'anglomanie, adressé parfois assez légèrement à ceux qu'attirent les enseignements de la science économique, ce n'est pas aujourd'hui du détroit, mais d'au-delà du Rhin que souffle le vent favorable qui nous permettra de poursuivre cette étude.

III.

Il y a lieu d'être surpris peut-être que le recours aux principes de l'association moderne ait précédé l'avènement de la liberté du travail, dans un pays où, comme on l'a vu, s'épanouit encore le régime restrictif des corporations. C'est en Allemagne effectivement qu'ont pris naissance les *Banques* dites *d'avances*, ou *Banques populaires*.

Mais on cessera d'être étonné, si l'on considère que l'organisation actuelle du travail chez nos voisins d'outre-Rhin ne repose plus que sur des bases vermoulues, prêtes à s'effondrer; qu'elle est condamnée par les masses mêmes qu'elle est soi-disant appelée à protéger et qu'elle étouffe, comme une couveuse imprévoyante fait parfois de ses poussins; si l'on tient compte encore du mouvement libéral qui, depuis quelques années, agite l'Allemagne économique.

Toujours est-il que la première Banque d'avances *(Vorschuss-Banken)*, a eu pour berceau la petite ville d'Eulenbourg, prés Delitzsch, chef-lieu de canton de la Prusse.

La première description qui nous soit connue de ces intéressants établissements, a été faite en 1859, par M. J.-E. Horn, dans la *Revue contemporaine.* L'année dernière, M. A. Batbie, aujourd'hui titulaire de la chaire d'économie politique que le gouvernement, par une juste appréciation de nouveaux besoins, a créée à l'Ecole de droit, a ajouté de curieux détails à cette description. Nous nous aiderons des travaux de ces deux écrivains pour développer devant nos lecteurs le système d'organisation des *Banques populaires* ou *d'avances*, qui rendent de si réels services aux masses laborieuses en Allemagne.

Après la nécessité de travailler, le plus grand besoin du travailleur est celui d'obtenir du crédit. Nous avons vu que c'est le défaut de capital, ou mieux du crédit qui le procure, qui constitue l'infériorité de la petite industrie sur la fabrique. On prête difficilement sur

cette sorte de valeur qu'apporte d'ordinaire
l'homme fait dans les manifestations de son
activité, la force musculaire et l'intelligence ;
« l'hypothèque, dit M. Horn, est fort chan-
» ceuse : le manque momentané de travail, la
» maladie de l'ouvrier ou des siens, peuvent,
» nonobstant la meilleure volonté du monde,
» le mettre dans l'impossibilité d'être exact
» au remboursement. » Le travail ne constitue
pas moins un capital, puisqu'il est apte à produire. Il est même souvent à peu près le seul
que possède l'ouvrier. Le but à rechercher est
donc de le rendre *créditable* comme toutes les
autres espèces de capitaux, machines, mar-
chandises, etc. Ce but semble être atteint par
la combinaison dont il s'agit, et dont le prin-
cipal objet est de faire cesser pour le travailleur les mauvaises conditions où, seul, il se
trouve comme emprunteur, en lui substituant
des centaines de personnes qui s'engagent
solidairement vis-à-vis du prêteur.

Le premier soin d'une banque qui s'organise
est de se créer un fonds de roulement. Elle se
le procure par l'emprunt d'une certaine somme
qu'elle trouve facilement, en raison des garanties qu'offre, pour le remboursement ou le
service des intérêts, le grand nombre des
emprunteurs réunis en société. Les ressources

de l'association consistent dans un droit d'admission et dans les cotisations mensuelles des
sociétaires. Le taux de ces deux taxes est calculé
de manière qu'il soit facilement accessible à
toutes les positions pécuniaires. Le droit d'admission, qui se paie une fois pour toutes, est
ordinairement de 10 à 15 silbergros (1 fr. 25
à 1 fr. 87 c.), et la cotisation mensuelle de
2 silbergros (25 c.).

« Perçues sur quelques centaines de membres, dit M. Horn, * ces contributions minimes
constituent un fonds, petit d'abord, mais allant
toujours en croissant, à mesure que l'existence
de la banque se prolonge et que le cercle de
ses adhérents s'élargit ; grâce à ce fonds, la
banque peut parvenir un jour à se passer même
des emprunts ; elle économiserait alors l'intérêt
que lui coûtent les emprunts et elle affran-
chirait ses sociétaires de la seule charge que
leur impose l'association, l'engagement collectif
vis-à-vis de ses créanciers. C'est là évidemment
le but vers lequel doivent tendre les efforts et
l'ambition d'une banque d'avances bien organisée, et ce but sera atteint d'autant plus
promptement si les sociétaires doublent les
cotisations obligatoires par des cotisations volon-

* *Revue contemporaine* — Oct. 1859.

taires. Ceci n'est rien moins qu'un sacrifice : les contributions volontaires ou obligatoires sont inscrites au compte du sociétaire et lui constituent un *boni* qui le rend pour ainsi dire actionnaire de la banque ; c'est au prorata de ces bonis que les profits de l'établissement sont répartis au bout de chaque exercice. La banque, outre qu'elle est un établissement de crédit, fait donc encore office de caisse d'épargne pour ses sociétaires, avec cette différence que les dépôts y rapportent beaucoup plus que dans les caisses ordinaires. Il résulte encore de toute cette combinaison que si le sociétaire paie à la banque un intérêt même élevé, il retrouve cet argent dans sa part des bénéfices; d'ailleurs, si le taux d'intérêt que la banque demande à ses emprunteurs, — la plupart c'est 5 % d intérêt par an et 1/4 de commission par mois, — excède l'intérêt qui se paie sur le grand marché des capitaux , il ne faut pas oublier que ce marché n'est presque jamais accessible aux clients des banques d'avances.....

« Jusqu'au montant de son boni , chaque sociétaire emprunte contre sa signature seule. Pour les prêts plus élevés, la banque exige la co·signature d'un autre sociétaire. Imposée indistinctement à tous ses clients, cette exigence ne peut blesser personne, et les sociétaires ayant constamment besoin de se rendre ce service l'un à l'autre, quiconque veut emprunter trouvera facilement un co-sociétaire qui veuille répondre de lui jusqu'au moment de sa solvabilité réelle. C'est dans cette dernière circonstance surtout que gît pour la banque l'avantage de la double signature ; l'ami, le voisin qui se fait garant, sera toujours mieux à même que l'administration de juger la situation réelle de l'emprunteur, de savoir jusqu'où l'on peut, sans danger, le créditer. Le maximum des prêts qui s'abaisse parfois à 5 ou à 10 thalers (18 fr. 75 c. et 37 fr. 50 c.), varie d'après l'importance des établissements, entre 300 et 1,000 thalers (1,125 à 3,750 fr.). »

Il est facile de comprendre, d'après cette explication, l'organisation et le fonctionnement des Banques d'avances ; il est facile également de se faire une idée des résultats qu'elles doivent produire au sein des populations où elles sont établies. C'est le crédit avec ses avantages, conféré à ceux qui, dans leur situation ordinaire, n'ont aucun moyen d'y prétendre ; c'est le capital dont il manque le plus souvent pour s'élever, mis à la portée du travail ; c'est la facilité donnée à l'artisan, au petit industriel, au petit cultivateur, de sortir de la position inférieure où le retiennent certaines circonstances particulières, facilité qui peut parfois même leur ouvrir le chemin de la fortune ; c'est le bienfait de l'association qui se traduit non plus, comme dans les sociétés de secours mutuels, par des ressources contre la maladie et le chômage, mais par des avantages d'un autre ordre non moins moraux, non moins certains. « Qui voudrait dire, se demande encore M. Horn après l'exposition du système, la somme de bonheur que peut créer, la somme de misères que peut prévenir un capital de 100,000 francs réparti ainsi, dans le courant d'une année, en prêts aux ouvriers, aux petits fabricants et commerçants d'une localité ? Qui pourrait établir le compte des pertes que subissent ces classes si dignes d'attention, les bonnes occasions qu'elles doivent laisser s'échapper, uniquement parce qu'on leur refuse le modeste crédit dont elles auraient besoin, tantôt pour se soutenir dans les moments difficiles, tantôt pour étendre leur activité dans les moments favorables ? Ce crédit, si difficile à obtenir, la Banque d'avances le leur fait trouver de la manière la plus sûre, la plus facile, la plus honorable : la plus honorable, puisque c'est de leurs propres épargnes et du produit de leur crédit collectif que se compose le fonds auquel les sociétaires empruntent ; la plus facile, puisque la Banque n'exige que la co-signature d'un ami, d'une connaissance; la plus sûre, puisqu'elle ne refuse presque jamais le crédit que méritent l'honorabilité et la solvabilité du demandeur. »

Tels sont les avantages qui résultent de l'association appliquée à la distribution du crédit parmi les travailleurs. Il appartenait au siècle qui, le premier, sut approprier la vapeur aux usages industriels de trouver en même temps le correctif à la situation nouvelle que font à certaines classes de producteurs les exigences de ce formidable agent.

Ce n'est pas que la confrérie et la corporation du siècle passé ne puissent revendiquer pour elles-mêmes quelques-uns des ces avantages. Sans doute l'ancienne forme d'association présentait au travailleur de sérieuses garanties contre la misère et le chômage. Le compagnonnage qui, dans certaines branches d'industrie, s'est perpétué jusqu'à nos jours, en est la preuve évidente. Mais tout en cherchant à protéger ses membres contre les mauvaises chances de la vie, la corporation étouffait en eux ce qui, dans notre organisation actuelle, est l'essence même de la vie morale et matérielle : la liberté.

La Révolution, en rendant le travailleur libre, le débarrassa des liens qui enserraient de toute part son activité; mais, en même temps, elle le jeta nu et sans moyens de résistance dans la mêlée industrielle. Perdu, isolé qu'il serait sans elle à côté d'une puissante et absorbante centralisation, il retrouve, dans l'association, du courage avec des armes et l'espoir du succès.

On remarquera encore que la combinaison qui vient d'être exposée exclut toute idée de bienfaisance, toute intervention pécuniaire ou autre de l'Etat et de la société. L'individu y reste complétement libre de sa personne et de toutes ses actions en dehors des obligations spéciales que lui impose son titre de sociétaire. C'est, comme on l'a dit, l'alliance de la liberté et de la protection qui jusqu'ici semblaient s'exclure, alliance que n'ont jamais pu parvenir à cimenter ces théoriciens fameux dont le souvenir pèse encore si lourdement chez nous sur tout ce qui touche aux progrès de l'association.

Mais nous n'avons pas fini avec les Banques d'avances. Le succès qu'elles obtiennent en Allemagne appelle encore notre attention.

IV

Nous avons vu que les Banques d'avances ont
pris naissance à Eulenbourg, village prussien de
7,000 habitants. La première idée de leur organisation est due à M. Schulze, fils d'un conseil-
ler de Delitzsch qui, après avoir passé par
plusieurs fonctions judiciaires et politiques, a
fini par se consacrer entièrement à l'œuvre
qu'il avait conçue.

Sous les inspirations de cet homme de bien,
une Banque d'avances s'est fondée à Delitzsch
même, sa résidence, et les statuts de cette société ont servi de type à toutes celles qui en
moins de douze ans se sont élevées dans les
divers États de l'Allemagne. On en comptait,
en effet, en 1861, et, depuis, leur nombre a dû
s'accroître, 138 en Prusse, 54 dans le royaume
de Saxe, 15 dans l'Autriche allemande, 13 dans
le duché d'Anhalt, 15 dans le duché de Saxe, 11
en Hanovre, 12 dans le duché de Meklembourg,

16 dans celui de Nassau, etc.; soit enfin 364 réparties sur le territoire allemand.

Il nous paraît utile, après la description d'ensemble qu'on en a lue, de faire connaître l'organisation intérieure des Banques d'avances. Nous prendrons de préférence celle qui a servi de berceau à toutes les autres, la banque de Delitzsch.

Fondée en 1850, la banque de Delitzsch a été réorganisée en 1852, et elle fonctionne en grandissant depuis cette époque. Les adhérents paient une contribution mensuelle de 25 centimes, qui sert à alimenter le fonds de roulement ; de plus, pour aider à la formation d'un fonds de réserve, un droit d'admission de 1 fr. 87 c. et une cotisation annuelle de 31 centimes. C'est ce qui constitue le *boni* qui s'accroît de tous les dividendes annuels. Ils deviennent actionnaires du jour où ce boni s'élève à 60 fr., époque à laquelle ils cessent de verser toute espèce de contribution et qu'ils peuvent avancer en augmentant volontairement le taux de la cotisation mensuelle ou annuelle. Lorsque le sociétaire est ainsi devenu actionnaire, on lui paie ses dividendes annuels qu'il est libre de laisser à la Banque avec le montant de ses autres épargnes s'il lui plaît, et dont il lui est

tenu compte avec intérêt. Il devient ainsi créan-
cier de l'association, quitte à redevenir son
débiteur, si subséquemment il a besoin de ses
services; mais il reste toujours co-débiteur vis-à-
vis des tiers auxquels la Banque a emprunté
les fonds qui lui ont servi à faire ses premières
opérations.

Dans la description générale qui a été donnée
des Banques d'avances, le vulgarisateur de cette
idée en France faisait observer que la nécessité d'emprunter à des tiers diminue à mesure
qu'augmentent les moyens propres de l'établissement, ceux fournis par les sociétaires eux-
mêmes. M. Horn nous apprend qu'à la fin de
1858, la Banque de Delitzsch disposait d'un fonds
de 48,698 fr., dans lequel les emprunts faits à
des tiers ne figurent plus que pour 23,888 fr.,
pas même pour moitié ; et que l'autre partie se
compose des *bonis* des sociétaires (18,112 fr.),
de leurs dépôts d'épargnes (5,220 fr.) et de la
réserve (1,478 fr.) « Les prêts, ajoute-t-il, étant
pour la plupart consentis à trois mois, le capital
de 48,000 fr. a pu être retourné environ quatre
fois, et pourvoir, dans le courant de l'année,
à 467 prêts, s'élevant à la somme de 169,490 fr.
La Banque a demandé uniformément à ses
emprunteurs 5 % d'intérêts annuels, et 1/4 %
de commission par mois. Les revenus se sont

élevés à 3,916 fr., tandis que les dépenses, y compris les intérêts de ses emprunts et dépôts, n'ont été que de 2,445 fr.; restait un bénéfice net de 1,471 fr. qui a permis de distribuer aux sociétaires un dividende de 2 1/2 silbergros par chaque thaler, soit 11. 66 % de leur boni acquis au commencement de 1858. »

A voir de semblables résultats, on reste véritablement émerveillé, et l'on serait tenté de douter, si l'on ne se rappelait que l'association, dans ses plus minimes applications, présente des horizons inattendus que l'activité humaine n'a fait encore qu'entrevoir. On a peine à concevoir, en effet, qu'un droit d'admission de moins de 2 fr., une cotisation mensuelle de 25 centimes et une contribution annuelle de 31 centimes puissent procurer au sociétaire inscrit un crédit qui, selon l'importance de l'association, peut s'élever de 37 fr. 50 c. à près de 4,000 fr. Le fait existe néanmoins et il est hors de doute. Une expérience de quinze années révolues est là d'ailleurs pour prouver l'excellence de la combinaison en elle-même.

Aussi, les populations allemandes, qui ne manquent ni d'intelligence, ni de bon sens pratique, se sont-elles tournées avec empressement vers le meilleur avenir qu'elle leur laissait entrevoir. A la fin de l'exercice 1861, la Banque de Delitzsch comptait 484 membres, et les banques réunies en comptaient 48,760. Cette même Banque avait prêté pendant l'année 302,319 fr. à titre d'avances, et les banques réunies 62 millions 441,233 fr.

Il nous reste maintenant, pour la complète édification du lecteur, à faire connaître quelques-uns des articles des statuts qui régissent la société d'avances de Delitzsch.

L'article 1er définit ainsi le but de l'institution : « Les membres soussignés veulent, au moyen de l'association, se procurer par leur crédit collectif les capitaux dont ils auraient besoin dans des buts industriels et autres. »

La société gère ses affaires avec une pleine autonomie et avec le concours de tous ses membres. Il existe cependant, pour l'administration proprement dite, un comité nommé pour trois ans et qui se compose d'un président, d'un caissier, d'un contrôleur et de neuf assesseurs. Ces derniers sont annuellement renouvelés pour un tiers. C'est à ce comité que sont adressées, par écrit, les demandes d'avances ; il se réunit une fois par semaine pour les examiner ; il surveille et inspecte la gestion des employés; il dispose des fonds de la caisse sociale dans le but social; il accepte des dépôts et fait les emprunts dont le maximum est fixé par l'assemblée générale, et qui ne doit pas dépasser le double des fonds propres de la société. Le président, le caissier et le contrôleur sont rémunérés.

On connaît les devoirs du sociétaire et les avantages que lui confère son titre. Voici les conditions qu'il doit réunir pour que ses demandes d'avances soient agréées : 1o n'être atteint d'aucune peine infamante; 2o n'être en retard envers la caisse pour aucune avance antérieure ; n'avoir fait mettre ses garants en cause ; 3o être dans une situation qui rassure sur le remboursement.

Le fait de signer les statuts et d'être agréé par le comité qui, en cas de difficultés, en appelle à l'assemblée générale, suffit pour obtenir la qualité de sociétaire. On cesse d'être membre de la société par le non accomplissement des obligations statutaires.

Enfin, toutes les difficultés qui peuvent s'élever relativement aux affaires de l'association, doivent être discutées et le différend vidé en assemblée générale, les sociétaires renonçant d'avance à tout recours à la voie judiciaire.

Telle est en substance l'économie intérieure de la société de Delitzsch, dont les statuts, ainsi que nous l'avons dit, ont servi de modèle à tous les établissements de même nature qui se sont fondés en Allemagne.

Nous croirons avoir donné une idée aussi exacte que possible de l'institution des Banques d'avances, quand nous aurons répété qu'elles paient tous les services qu'elles demandent à des tiers; qu'elles sont entièrement libres de toute obligation vis-à-vis de l'Etat, duquel elles ne réclament d'autre protection que celle qu'il est tenu d'accorder, dans une société bien organisée, à toute institution qui, sous la sanction des lois, s'élève dans son sein ; qu'elles ne doivent rien à la bienfaisance ; qu'elles vivent enfin de leur propre vie aussi longtemps que les sociétaires restent fidèles à leurs engagements.

C'en est assez, selon nous, pour répondre aux plus sévères critiques.

En présence des résultats obtenus en Allemagne par l'association appliquée à l'obtention du crédit, on commence à se demander, et cette préoccupation doit sembler naturelle à tout homme qui rêve pour son pays un avenir progressivement meilleur, s'il ne serait pas possible d'importer en France le système des Banques populaires d'outre-Rhin.

Quelques écrivains prétendent que nous n'avons pas au même degré que nos voisins les Anglais et les Allemands l'esprit d'association. Nous pensons qu'ils tombent dans une grave erreur. Le développement que prennent chaque jour chez nous les sociétés de secours mutuels en est la preuve éclatante. Et nous ne voyons pas pourquoi ceux qui savent si bien se grouper sous le manteau de l'association pour y lutter contre le chômage accidentel et la maladie, ne pourraient également se réunir en sociétés pour obtenir un peu de ce crédit qui, joint au travail et à l'épargne, leur offre un moyen d'améliorer, dans de si sensibles proportions, leur condition matérielle.

Quelques réflexions à ce sujet compléteront notre rapide esquisse.

V.

Au reproche qui nous est adressé de n'avoir
pas à un haut degré l'esprit d'association, nous
avons répondu par le développement qu'ont
pris en France, surtout depuis 1852, les sociétés
de secours mutuels, dont le nombre a été porté,
au 31 décembre dernier, par un document
officiel, à 4,721, comptant 676.522 membres.
Ces chiffres ont bien leur éloquence.

Si le cadre de cette étude comportait une plus
complète démonstration, les arguments ne nous
feraient pas défaut. Et, sans recourir à de pa-
tientes recherches, nous pourrions en emprunter
de très-concluants à un travail que publiait
précisément, il y a quelques jours, sur la question, une de nos feuilles politiques les plus
accréditées.

L'auteur de ce travail n'éprouvait aucune
peine à démontrer que l'association, malgré la
thèse contraire soutenue par quelques philo-

sophes, est dans la nature humaine ; que partout où elle peut se produire, elle se manifeste.

Ainsi, la religion pousse à l'association ; elle enfante l'Eglise, et au sein de l'Eglise combien d'ordres, « plus durables que des empires ! » La politique pousse à l'association. « L'industrie pousse à l'association autant et plus que nulle autre puissance. Dans l'isolement, l'homme ne produit rien ou presque rien. L'échange est une association qui, de l'individu s'étend au monde. La division du travail, qui a l'air d'isoler les individus aussi bien que les tâches, cache et contient le fait de l'universelle coopération. Association aux mille replis, échange immense de services rémunérés, compensés les uns par les autres, voilà la société. Est-ce donc l'association entre ouvriers qui est nouvelle? Pas davantage. La Grèce et Rome ont eu leurs corporations, leurs hétairies. * »

Est-ce donc en France que la chose est nouvelle ? Le vieux Paris, comptait sous les Césars, une association de bateliers. Lyon n'avait-il pas son *gynécée*, ses *monetarii*, ses *suarii*, ses *boarii*, ses *carnifices* , ses *panifices*, associations d'individus occupés à confectionner les vêtements

---

* H. Baudrillart. — *Journal des Débats*.

militaires, à frapper les monnaies, à acheter et
à abattre les bestiaux, à fabriquer le pain, etc. ?

Faut-il rappeler ici encore la confrérie, la
corporation du moyen-âge ? Le compagnonage ?

Faut-il enfin citer les noms des diverses associations qui se sont fondées à Paris depuis ces
dernières années, et dont presque tous les corps
d'état offrent un curieux spécimen ?

Non, le principe d'association naît chez
l'homme en même temps que lui ; et l'histoire
et les faits actuels viennent témoigner de sa
puissance au sein même de notre pays.

Il n'y a donc aucune raison apparente pour
que la combinaison allemande dont nous venons
de nous occuper ne soit acceptée et n'amène au
sein de nos masses laborieuses les mêmes ré -
sultats qu'elle a produits chez nos voisins du
Rhin.

Mais par cela qu'elle est une puissance, et une
puissance encore inappréciée , l'association
exige une grande prudence dans ses applications. On comprendra donc parfaitement que ,
dans quelques pays, le législateur prévoyant et

expérimenté se soit prémuni contre ses écarts.
Ainsi, au moment actuel, les quelques principes qui servent de bases en Allemagne aux
sociétés de crédit, viendraient, s'ils étaient
introduits en France, se heurter contre plusieurs impossibilités légales.

L'une de ces impossibilités réside principalement dans l'obligation de l'autorisation exigée
par l'art. 37 du Code de commerce, dont ne
sont dispensées que les sociétés commerciales
qui observent les dispositions de certains autres articles de ce Code, entièrement contraires
eux-mêmes aux principes de la plupart des associations coopératives. Ainsi, les art. 34 et 36
du Code de commerce prescrivent que le capital
de la société doit être divisé en actions ces-
sibles; prescription impossible à suivre pour les
associations dont nous nous occupons, puisqu'à
raison de la mutualité et de la solidarité dont
elles procèdent, elles doivent conserver le droit
d'admettre ou de ne pas admettre dans leur
sein quiconque n'offre pas certaines garanties
particulières.

En outre, la loi française n'autorise pas la
division en actions de moins de 100 fr., lorsque
le capital ne dépasse pas 200,000 fr.; de moins
de 500 fr., lorsque le capital est supérieur.

De plus, elle n'autorise la constitution des sociétés commerciales qu'après le versement du quart au moins du capital souscrit. Or, nous avons vu que, dans les Banques d'avances, le capital ne se forme que par des cotisations successives ; que la première obligation de la Banque populaire est d'emprunter, avant de pouvoir remplir le moindre office ; que la qualité, sinon le titre d'actionnaire, est attachée à une part contributive beaucoup moindre que celle de 100 fr.; qu'enfin, l'obligation du versement du quart du capital social, avant tout fonctionnement, imposée aux sociétés commerciales, est essentiellement incompatible avec le principe même de l'institution dont il s'agit.

Enfin, l'obligation imposée par la loi française aux administrateurs d'être propriétaires d'un vingtième du capital social ne peut s'accorder avec le principe de l'élection qui, en même temps qu'il facilite le choix des plus capables, prévaut dans les sociétés coopératives et ne nécessite de la part de l'éligible que le titre seul de sociétaire.

De ces nombreuses restrictions apportées aux développements de l'association en France, il faut conclure que le législateur n'a pas encore jugé la nation apte à s'en approprier les différentes formes. Sans examiner jusqu'à quel point les fâcheux souvenirs qu'ont laissés les absurdes tentatives d'il y a seize ans — et c'est là peut-être l'une de leurs moindres conséquences — ont pu influer sur une appréciation de cette nature, nous nous inclinons respectueusement devant la loi de notre pays. Il convient même à la sincérité de nos convictions de déclarer que, si nous ne craignons pas de nous montrer aujourd'hui partisan avoué de l'association bien comprise et sainement pratiquée, aussi peu nous hésiterions à nous compter au rang de ses plus rudes adversaires, s'il venait à nous être démontré qu'elle est contraire par son essence à certains principes d'ordre public et de conservation sociale.

Mais, en attendant, nous continuons de penser qu'il est du devoir de tous les cœurs généreux de hâter de leurs vœux le moment où les bienfaits qu'elle exerce ailleurs pourront être acquis sans inconvénient aux travailleurs de notre pays ; et, pour ne parler que de la forme qu'elle revêt en Allemagne, d'appeler l'aube du jour qui verra étendre le crédit qu'elle confère, à l'artisan, au petit industriel, au petit cultivateur.

A l'artisan, la Banque d'avances, outre qu'elle le rend économe, permet de se procurer des outils, des vêtements, des objets mobiliers qu'un léger prélèvement sur la paie quotidienne suffit à solder en peu temps. Elle l'exonère des services fort coûteux de cette institution anti-économique qu'on nomme le Mont-de-Piété. Se marie-t-il ? La Banque, sur l'attestation qu'un ami, un voisin, donnera de sa moralité et sa solvabilité future, lui avancera les premiers frais de son établissement qu'une communauté d'efforts active, laborieuse, aura bientôt remboursés.

Au petit industriel, au charron, au bourrelier, au cordonnier, à la couturière, la Banque d'avances donne la facilité d'acheter des matières premières : bois, fers, cuirs, pelleterie ; du capital : tours, établis, instruments de travail perfectionnés, machines à coudre ! L'introduction d'une machine à coudre sous le toit de l'ouvrière, n'est-ce pas la reconstitution de l'atelier ? N'est-ce pas le retour du travail en famille ?

Au petit cultivateur, la Banque d'avances offre les moyens d'attendre la récolte prochaine. Moins pressé de vendre, il laissera venir les occasions favorables, il vendra mieux. Pour quelques-uns, l'acquisition d'une tête de bétail est une lourde charge ; et cependant, que de services ne rendrait-elle pas à la ferme par son travail, par ses engrais! Le crédit favorisera cette acquisition.

C'est surtout au sein des campagnes que la Banque populaire est appelée à rendre d'importants services; car c'est là principalement que le travail est peut-être plus isolé. La grande culture a tout sous la main : matériel et personnel considérables, instruments de labourage perfectionnés, machines à semer, machines à battre, bientôt peut-être machines à labourer. Le petit cultivateur, au contraire, demande tout à ses bras. Dans quelques parties de la France, il laboure encore son lopin à la bêche : dans tous les cas, il sème, il récolte, il bat son grain. Les quelques centaines de francs que lui avancerait la Banque populaire ne représenteraient-elles pas la location des services que pourraient lui rendre la grande culture, avec ses moyens expéditifs ?

Mais le plus beau titre de la Banque populaire aux yeux du moraliste réside dans les qualités qu'elle développe chez ses adhérents. En dehors même des garanties diverses qu'elle exige du travailleur avant de l'admettre dans son sein, elle a pour effet de développer en lui le sentiment de la probité, de l'économie, de l'épargne, et elle le récompense largement de ses efforts à remplir fidèlement et en honnête homme ses engagements vis-à-vis d'elle ; elle l'habitue, de plus, à ne compter que sur lui-même, à se bien pénétrer de cette vérité d'où il faut partir *qu'il ne peut être cautionné que par ses pairs* *, et elle écarte ainsi de lui la tentation de demander à un partage injuste, impossible et immoral, une amélioration momentanée de son sort. Enfin elle le relève à ses propres yeux en lui rendant le sentiment de son individualité.

Une institution qui se présente le sein gonflé d'aussi belles espérances, d'avantages d'un ordre aussi élevé, est-elle destinée à se heurter longtemps encore contre les lois de notre pays ?

C'est au Gouvernement actuel que nous adressons la question. Lui seul, si l'on tient compte de la sagesse et de la prudence qui conduisent ses délibérations, et aussi de ses tendances libérales, de sa constante préoccupation des intérêts populaires, semble apte à la résoudre.

C'est donc en toute confiance que nous nous en remettons à ses décisions.

* A. Batbie — *Crédit populaire*

Les matières qui font l'objet de ce rapide
travail empruntent une actualité que nous ne
pouvions espérer au discours par lequel l'Em-
pereur vient d'ouvrir la session législative.
« De nouveaux projets de loi, a dit Sa Majesté,
» auront pour but de laisser une liberté plus
» grande aux associations commerciales, et de
» dégager la responsabilité, toujours illusoire,
» de l'administration. J'ai tenu à détruire tous
» les obstacles qui s'opposaient à la création
» des sociétés destinées à améliorer la condi-
» tion des classes ouvrières. En permettant
» l'établissement de ces sociétés, sans aban-
» donner les garanties de la sécurité publique,
» nous faciliterons une utile expérience. »

Nous n'avions donc pas tort, en traçant ces
dernières lignes, de nous confier, pour la satis-
faction de nos vœux, à la sagesse du Gouvernement impérial et à sa constante sollicitude
des intérêts populaires. Nul doute que les Cham-
bres ne consentent à suivre, encore une fois,

dans cette circonstance, l'initiative prise par le Souverain. « L'expérience » ne peut manquer d'être « utile »; et la combinaison qui vient d'être exposée justifie d'ailleurs, par la date de son application et par les appréciations diverses dont elle a été l'objet, la pensée contenue dans ce dernier paragraphe de la harangue impériale : « L'utopie est au bien ce que l'illusion
» est à la réalité; et le progrès n'est point la
» réalisation d'une théorie plus ou moins ingé-
» nieuse, mais l'application des résultats de
» l'expérience consacrés par le temps et ac-
» ceptés par l'opinion publique. »

Février 1865.

St-Quentin. — Typ. Jules Moureau, place de l'Hôtel-de-Ville, 7.